플루트를 처음 시작하는
입문자를 위한 첫걸음 가이드

쉽게
배우는
플루트
교실

플루트를 처음 시작하는
입문자를 위한 첫걸음 가이드

아름다운음악아름다운인생

아름출판사

차례 Contents

플루트 이야기

플루트(Flute)

　플루트는 인류와 함께한 가장 오래된 악기 중에 하나로, 자연에서 얻어진 흔한 재료들로 바람을 불어 소리내는 악기들이 시초가 되었습니다. 플루트 속의 악기는 고대 메소포타미아 · 이집트 · 남미 등 넓은 지역에 고루 분포되어 있고, 로마의 원주민으로 알려져 있는 B. C 6~5세기 에토루스크인의 유적에는 가로 피리를 부는 옅은 부조가 남아 있습니다.

　바로크, 르네상스 시대음악에는 우리가 알고 있는 리코더가 많이 연주되었습니다. 중세와 르네상스 · 바로크 시대 초기만 해도 플루트는 군악대 등에서 많이 쓰였으며, 예술음악에서는 리코더가 일반적으로 사용되었습니다. 그러므로 17~18세기의 플루트는 리코더를 의미하고 19세기 전까지는 "가로 플루트(travers flute)" 이름으로 리코더와 따로 구별하여 쓰였습니다.

　플루트는 수많은 개량을 통하여 오늘날 일반적으로 부르는 플루트의 형태로 뮌헨의 플루트 주자였던 테오도르 뵘(Theobald Boehm1794-1881)에 의해 개발되었습니다. 현재는 '뵘식 플루트'가 대표 목관악기로 사용되고 있다.

　플루트는 다른 목관 악기(클라리넷,오보에,바순)와 다르게 리드를 사용하지 않습니다.

　플루트는 목관악기 중에서 하모닉스를 연주할 수 있는 유일한 악기이고 빠른 트릴이나 패시지를 쉽게 연주할 수 있는 운동성이 풍부한 악기로서, 리드가 없기 때문에 더블이나 트리플 텅잉, 플러터 텅잉도 다른 목관악기에 비해 훨씬 자유롭게 할 수 있습니다.

플루트의 종류

　현재 일반적으로 사용하는 플루트의 종류는 콘서트 플루트(일반 플루트), 피콜로, 알토 플루트, 베이스 플루트 등이 있습니다.

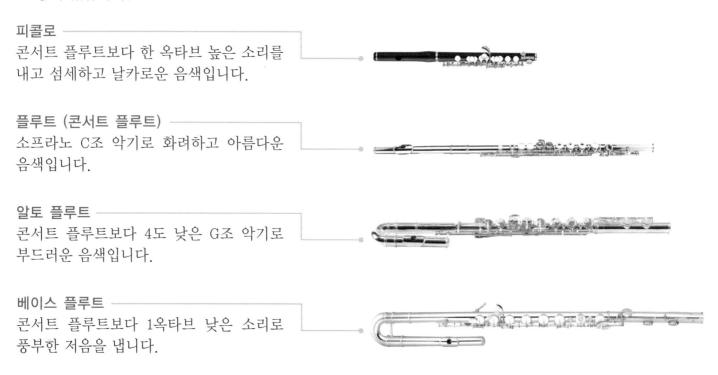

피콜로
콘서트 플루트보다 한 옥타브 높은 소리를
내고 섬세하고 날카로운 음색입니다.

플루트 (콘서트 플루트)
소프라노 C조 악기로 화려하고 아름다운
음색입니다.

알토 플루트
콘서트 플루트보다 4도 낮은 G조 악기로
부드러운 음색입니다.

베이스 플루트
콘서트 플루트보다 1옥타브 낮은 소리로
풍부한 저음을 냅니다.

플루트의 구조

플루트는 윗관(Head Joint), 몸통(Body Joint), 아랫관(Foot Joint)의 세 부분으로 이루어져 있습니다.

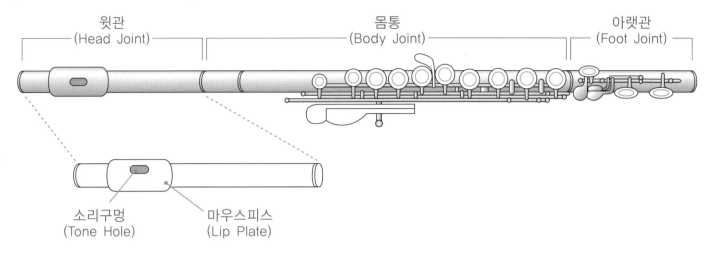

플루트의 조립

플루트는 세 부분으로 나누어져 있으므로 연주하기 전에 이 세 부분을 조립하여 사용합니다.
마우스피스의 톤 홀 구멍과 바디의 첫 번째 키가 일직선 상에 오게 조립해야 하지만, 초보단계에선 헤드 부분의
화살표에 맞춰서 조립하면 됩니다. 개개인의 입술모양, 손의 모양에 따라 위치를 안쪽 또는 바깥쪽으로 조금씩
조정합니다. 풋 조인트는 막대(rod)가 바디 조인트 마지막 키 가운데 오게 돌리면서 조립합니다.
요즘 나오는 초보자용 악기는 따로 화살표가 그려져 있기도 하여 편하게 조립할 수 있습니다.

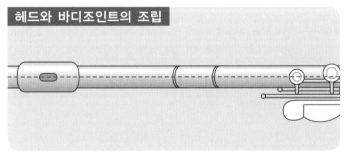

① 마우스 피스의 톤 홀 구멍과 바디 조인트의 첫번째 키와
일직선이 되게 합니다.

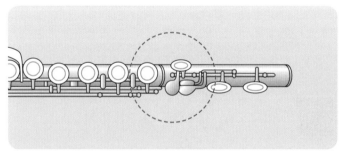

② 바디 조인트의 마지막 키와 풋 조인트의 막대가 서로 만
나게 조립합니다.

플루트의 음역

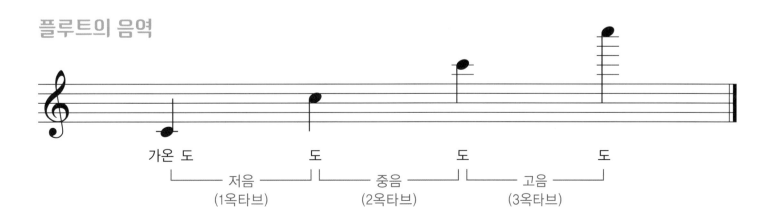

가온 도   도   도   도

저음 —————— 중음 —————— 고음 ——————
(1옥타브)   (2옥타브)   (3옥타브)

소리내기

 ## 입술모양 만들기 (Embouchyre;앙브쉬르, 암부셔)

 입술을 가볍게 다문 후 아랫입술을 양옆으로 살짝 당겨 바람이 아랫입술 안쪽 부드러운 살을 통해서 나온다고 생각하고 바람을 붑니다.

 립 플레이트(lip plate)의 톤 홀 구멍을 $\frac{1}{4}$정도 아랫입술로 덮은 상태에서 바람이 나오는 입술구멍에 입술 주름을 펴는 느낌으로 하여 소리를 냅니다.

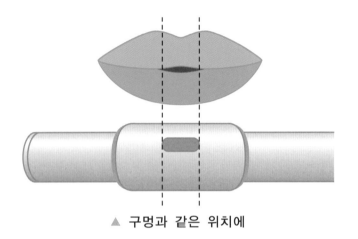

▲ 구멍과 같은 위치에

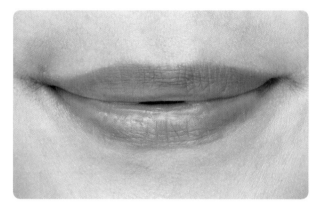

▲ 바른 입술 모양

'Embouchure'란 관악기를 불 때의 입술모양을 말하며 프랑스어로 앙브쉬르,
영어로 발음하면 암부셔 등 여러 발음으로 사용되고 있습니다.

 ## 헤드(head)로 소리내기

 아랫입술이 악기구멍을 반 정도 막고 입술아래 턱부분이 립 플레이트에 단단히 붙여지게 악기를 고정합니다. 헤드에 정확하게 바람이 들어가 밀도 있는 소리가 나도록 연습합니다.

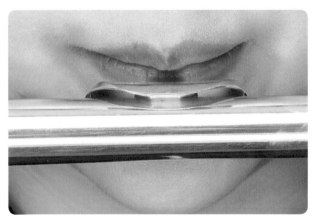

▲ 바른 입술 모양 ▲

호흡

 관악기의 기본 호흡은 복식호흡으로 하는데 배로 숨을 깊게 들이마시는 호흡입니다. 우리가 평소에 하는 흉식 호흡은 몸통위쪽을 이용해 하는 호흡으로 가슴과 어깨가 움직입니다.
 우리가 기침을 할 때 사용되는 배 전체의 근육이 복식호흡을 할 때 이용됩니다. 초보단계에서는 어깨가 올라가지 않게 거울을 보고 아랫배 쪽으로 깊게 들이 마시면서 연습해 봅니다. 손으로 아랫배에 대어 숨을 들이마시며 나오는지 확인해봅니다. 목이 닫혀있으면 가슴으로 숨을 쉬게 됩니다. 고개를 들고 목이 열리게 하여 깊게 숨을 들이쉽니다. 이때 "허" 하면서 입을 크게 열고 숨이 아랫배로 들어가는지 확인해봅니다.

공기를
들이마신다

공기를
내보낸다

텅잉

 '후' 하고 헤드에 소리를 낼 줄 알면 '투' 하면서 혀를 윗이빨 뒤쪽에 붙였다 떼면서 소리를 냅니다. 소리의 시작은 항상 텅잉이 되어야합니다. '투'하고 소리내는 것이 익숙해지면 한 음씩 나누어 '투-투-투'하고 소리를 내 봅시다.
 '투' 와 '푸' 는 다릅니다. 정확히 혀로 텅잉할 때 '투' 하면서 바람이 나갑니다.
 '푸' 는 입술이 들려서 입술로 바람을 끊을 때 나는 소리입니다.
 혀로 바람을 끊었는지 입술로 끊었는지 확인하고 확실히 연습해야합니다.

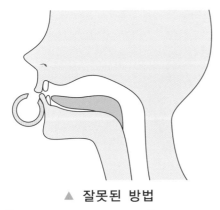
▲ 잘못된 방법
혀 끝이 아랫니 뒤에서 거의 움직이지 않아요

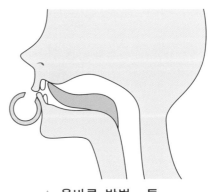
▲ 올바른 방법 -투-
혀 끝으로 윗니 뒤쪽의 입천장을 살짝 건드려요

연주자세

양발은 어깨 넓이로 벌린 후 오른발을 뒤로 한발 뺀 후 몸통이 오른쪽으로 돌아가면 얼굴은 정면을 본다.

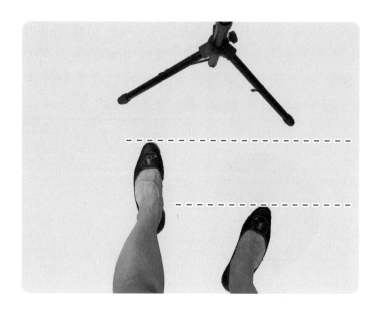

손가락 번호, 손 모양

 왼손 2번 손가락 뿌리부분의 뼈에 악기를 올려놓듯이 놓고 2번 손가락으로 감싸서 잡습니다.
 왼손목은 악기를 드는데 중심 가운데 축이 되는 부분이라 세워서 단단히 받쳐주어야 합니다.
바른 자세를 위해 왼손목의 역할이 굉장히 중요합니다.

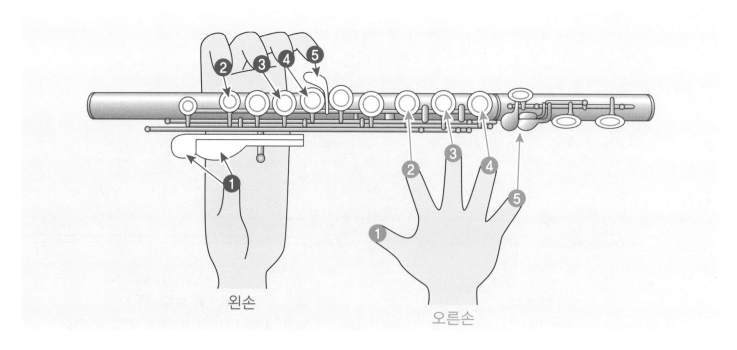

왼손   오른손

악보 읽기

음이름

이탈리아	도	레	미	파	솔	라	시	도
우리나라	다	라	마	바	사	가	나	다
영국·미국	C	D	E	F	G	A	B	C

세로줄과 마디

마디   마디   마디   마디

세로줄   세로줄   겹세로줄   끝세로줄

음표와 쉼표

음표	박 수	리듬표
𝅝	4박	WWWW
𝅗𝅥.	3박	WWW
𝅗𝅥	2박	WW
𝅘𝅥.	1박 반(1½박)	WV
𝅘𝅥	1박	V
𝅘𝅥𝅮	반 박(½박)	\
𝅘𝅥𝅯	반 박의 반(¼박)	\

쉼표	박 수	리듬표
𝄺	4박	WWWW
𝄺.	3박	WWW
𝄻	2박	W
𝄼.	1박 반(1½박)	WV
𝄼	1박	V
𝄽	반 박(½박)	\
𝄾	반 박의 반(¼박)	\

저음 솔

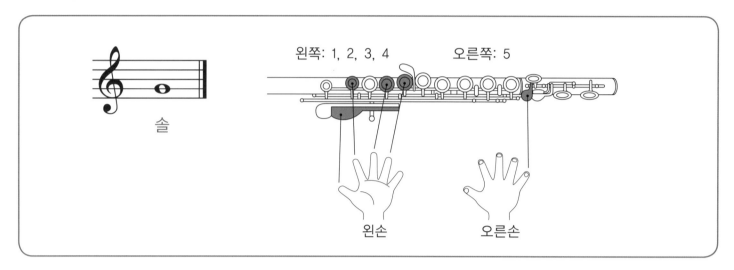

온음표 연습

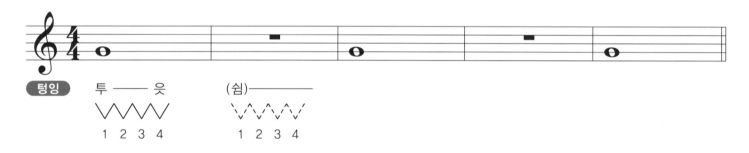

2분음표 연습

4분음표 연습

저음 라 : 솔에서 4번 손가락을 뗀다.

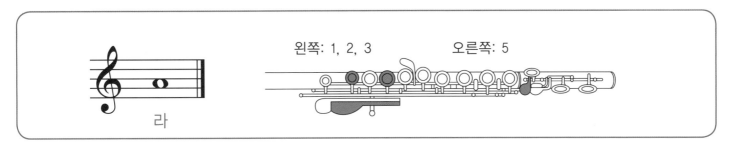

왼쪽: 1, 2, 3   오른쪽: 5

라

저음 시 : 라에서 3번 손가락을 뗀다.

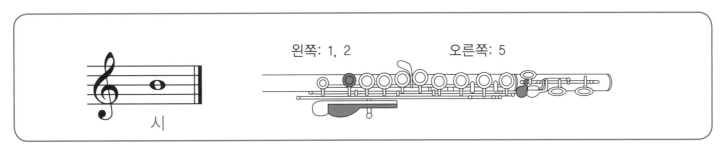

왼쪽: 1, 2   오른쪽: 5

시

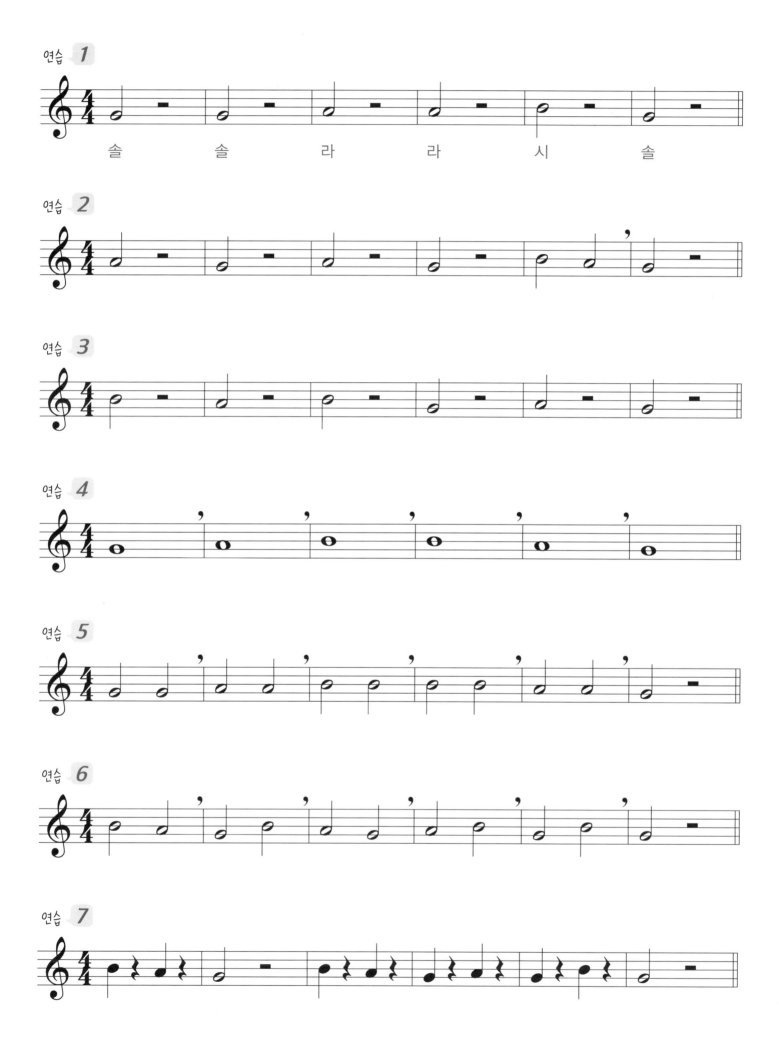

연습 **8**

비행기

윤석중 사 | 외국 곡

이중주

이영주 곡

Flute 1

Flute 2

Fl. 1

Fl. 2

CHECK!!

☐ 텅잉을 정확히 하나요? ☐ 솔, 라, 시 소리를 균일하게 정확히 낼 수 있나요?
☐ 악기를 흔들리지 않게 잡고 소리 낼 수 있나요?

저음 파, 미, 레

저음 파, 미, 레

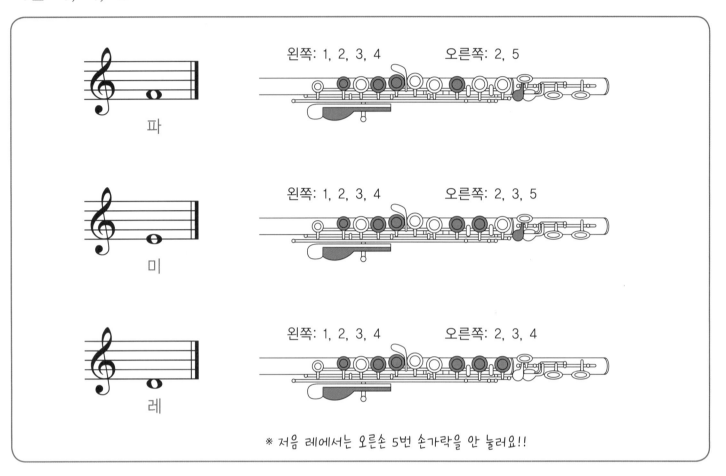

파
왼쪽: 1, 2, 3, 4   오른쪽: 2, 5

미
왼쪽: 1, 2, 3, 4   오른쪽: 2, 3, 5

레
왼쪽: 1, 2, 3, 4   오른쪽: 2, 3, 4

※ 저음 레에서는 오른손 5번 손가락을 안 눌러요!!

연습 1

연습 2

연습 3

연습 4

운명 교향곡

베토벤 곡

이중주 1

이영주 곡

이중주 2

이영주 곡

CHECK!!

☐ 저음 레에서 새끼 손가락이 정확히 떨어지나요?   ☐ 바람이 너무 세서 소리가 뒤집혀지진 않나요?

☐ 저음 파, 미, 레 소리가 균일하게 나고 있나요?

Lesson 3 저음 소리 다지기

저음에선 실제로 낮은 음의 노래를 하듯이 몸의 자세를 취하고 바람의 방향이 더욱 아래로 향하게 불어봅시다.

우리 추울 때 손이 시려우면 "허~" 하면서 따뜻한 바람을 불지요?

입김을 부는 것처럼 따뜻한 바람으로 저음 솔파미레를 내봅시다.

이중주

이영주 곡

그래 그래서

외국 곡

산책

이영주 곡

CHECK!!

☐ 음이 내려감에 따라 바람의 방향과 텅잉의 강도의 변화가 느껴지나요?

☐ 저음 소리가 정확히 나나요?　　　　　☐ 음마다 입술을 열었다, 닫았다 하지 않나요?

중음 도, 레

중음 도

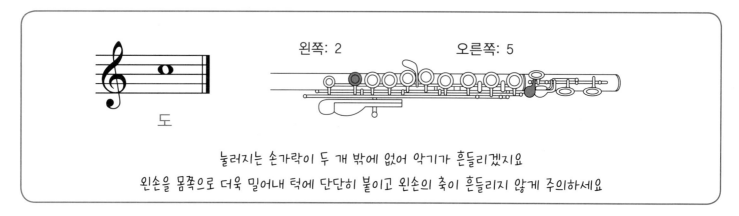

특히 시에서 도 소리를 낼 때 엄지 손가락의 움직임이 최소가 되어야 합니다. 왼손의 축이 엄지손가락의 움직임 때문에 흔들려선 안됩니다.

악기를 들고 있는 왼손이 움직이지 않는지 확인하면서 연습해 봅시다.

여우야 여우야 뭐 하니

전래동요

이중주

이영주 곡

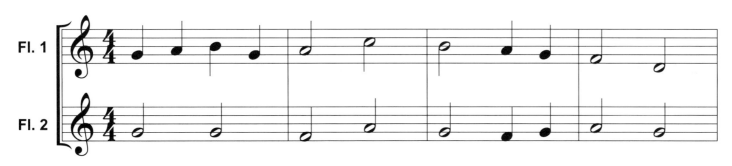

중음 레

왼쪽: 1, 3, 4   오른쪽: 2, 3, 4

레

눈치 채셨나요? 도와 레는 손가락의 모양이 서로 반전인 걸-
많은 손가락이 한번에 움직이니 반드시 악기가 흔들리지 않도록 체크합시다.

연습 *1*

연습 *2*

연습 *3*

연습 *4*

연습 *5*

이중주

이영주 곡

올라가는 눈

작자 미상

CHECK!!

☐ 왼 손목이 축이 돼서 잘 지지되어 악기를 들고 있을 수 있나요?
☐ 도에서 시 소리낼 때 왼손 엄지가 지나치게 많이 움직이지 않나요?
☐ 도에서 레 소리낼 때 악기가 흔들려 소리가 불안정 하지 않나요?
☐ 저음 레와 중음 레의 왼손 2번 손가락의 움직임을 확실히 익혔나요?

Lesson 5 중음 미, 파, 솔

플루트는 도, 레를 제외한 1, 2옥타브 손가락이 같습니다. 옥타브 소리를 배워봅시다.

중음 미, 파, 솔

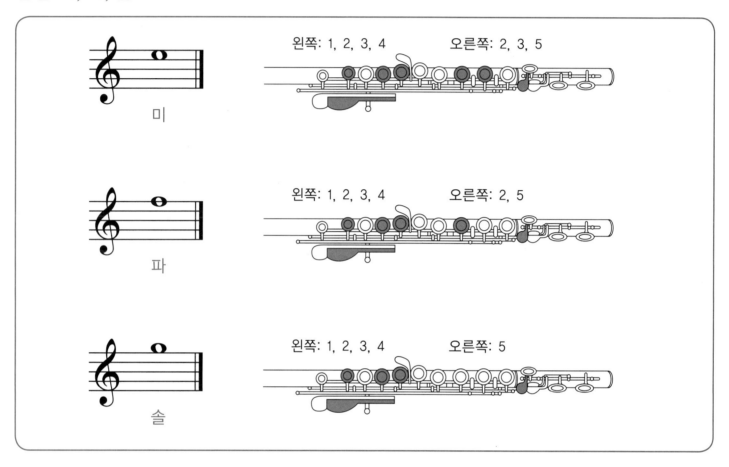

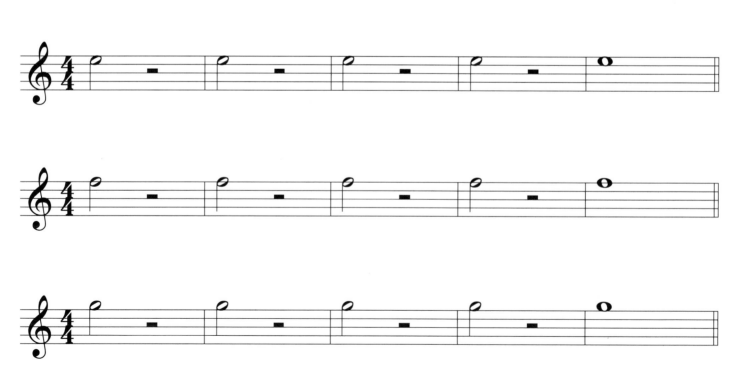

빙고

외국 곡

축하합니다

필립 콜터, 빌 마틴 사·곡

거미

외국 곡

이중주

이영주 곡

CHECK!!

□ 미 소리가 뒤집어지지 않고 잘나고 있나요?   □ 미, 파, 솔의 소리가 균일하게 나나요?
□ 레로 움직일 때 왼손 2번 손가락을 잘 떼고 있나요?

박자표

박자표는 분수 모양으로 오선에 표시 하는데, 분모(아래)의 숫자는 박자의 기준 단위, 분자(위)의 숫자는 한 마디 안에 있는 음표의 개수를 나타냅니다.

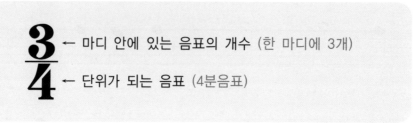

4분의 3박자

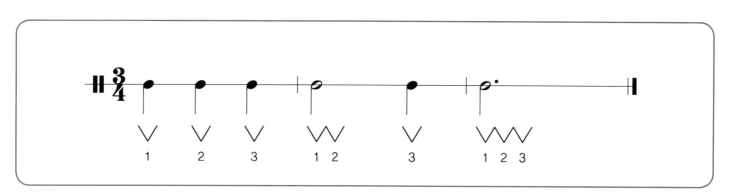

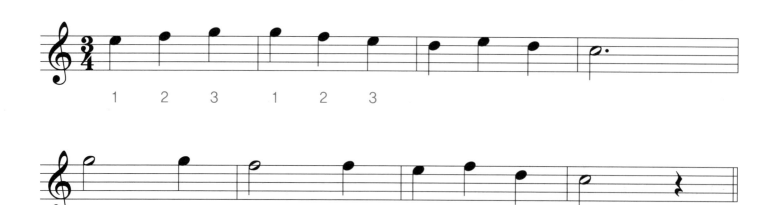

4분의 2박자

연습 *1*

연습 *2*

꼬마 벌

독일 민요

칸타타 BWV 140

바흐 곡

이중주 파트1 파트2

생일 축하합니다

외국 곡

Fl. 1

Fl. 2

※ 𝄐 페르마타(Fermata) : 그 음의 길이를 본래의 박자보다 2~3배 늘여 연주하라는 뜻

숲 속

이영주 곡

이중주

이영주 곡

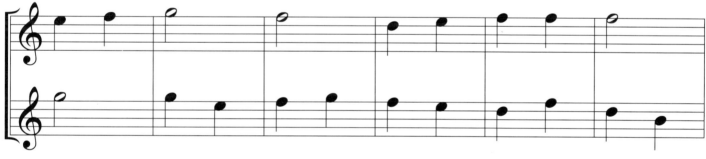

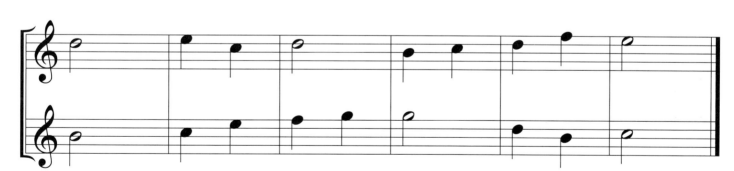

CHECK!!

☐ 4분의 3박자 리듬세기에 익숙해졌나요?   ☐ 4분의 2박자 리듬세기에 익숙해졌나요?
☐ 텅잉할 때 입술이 열리지 않나요?

Lesson 7 중음 라, 시, 고음 도

중음 라, 시, 고음 도

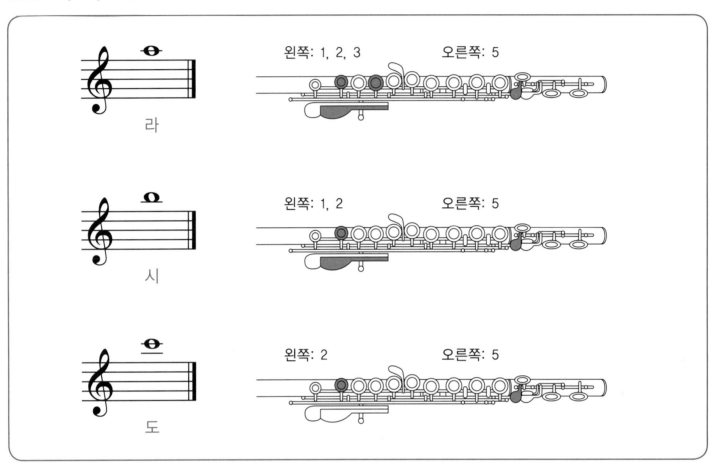

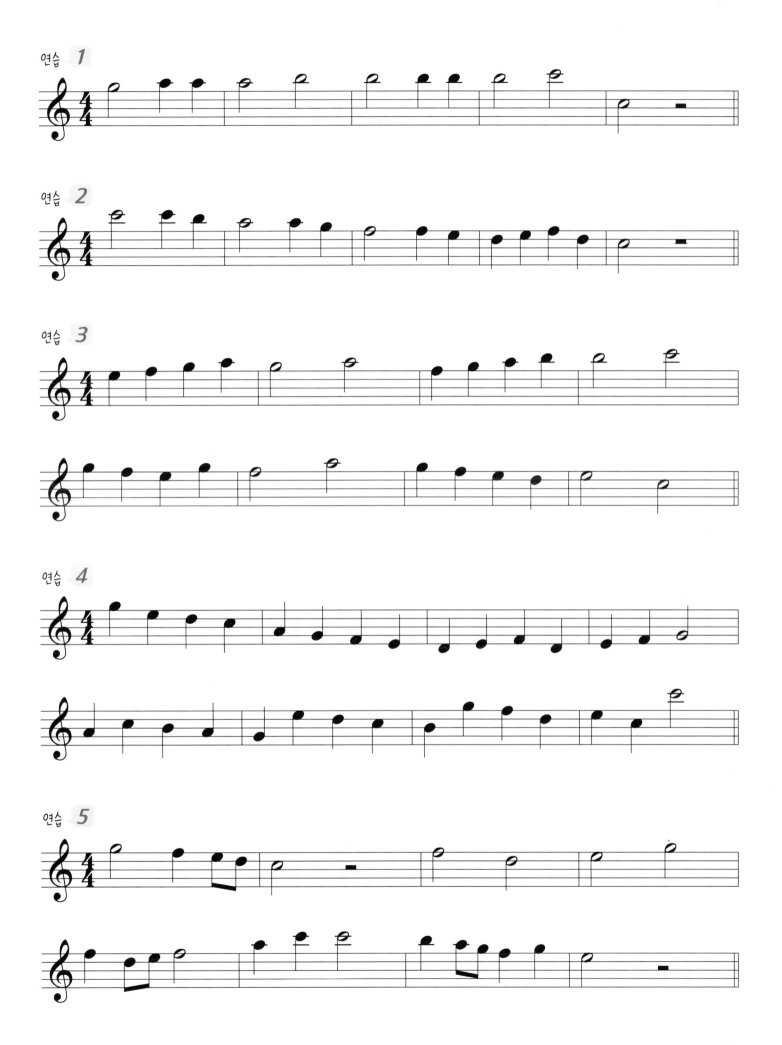

연습 1

연습 2

연습 3

연습 4

연습 5

옥타브 연습

Rain, Rain, Go Away

외국 곡

이중주

이영주 곡

독도는 우리 땅

박문영 사 · 곡

작은별

프랑스 민요

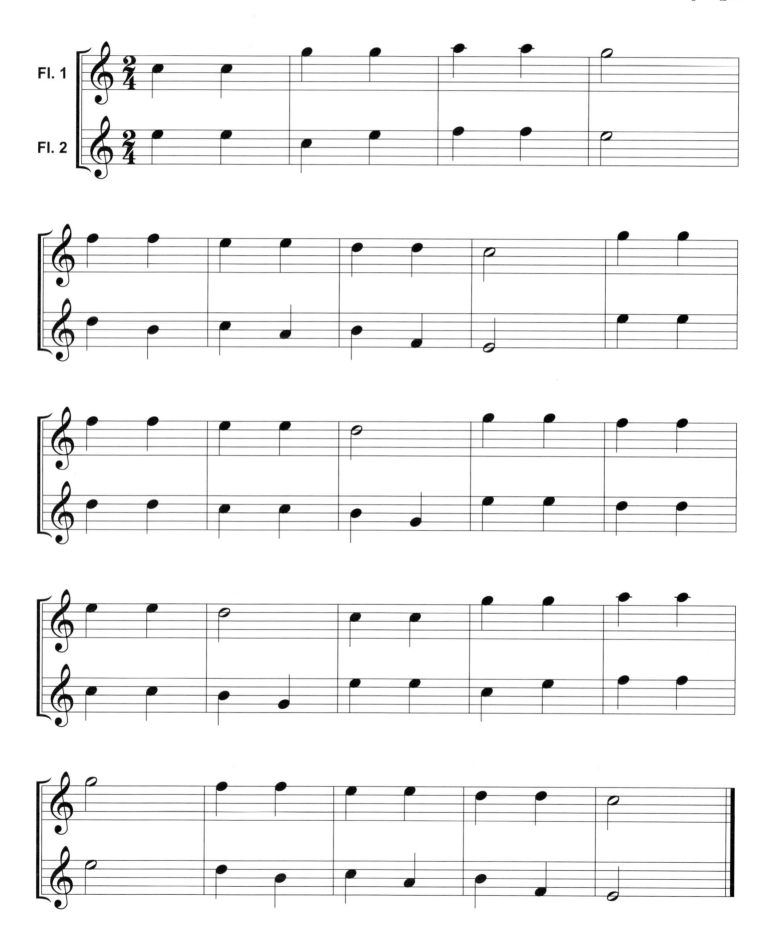

허수아비 아저씨

김규환 사 · 곡

브람스 교향곡 1번

브람스 곡

붙임줄과 이음줄

붙임줄(tie)

같은 높이의 두 음을 연결하는 선으로 연결된 박자 수 만큼을 연주헤주는 표시입니다. 같은 마디 안에서 사용되기도, 마디를 벗어나 사용되기도 합니다.

이음줄(slur)

음높이가 다른 음끼리 연결한 선을 이음줄, 슬러라고 합니다. 선 안에 있는 모든 음을 부드럽게 이어서 연주합니다. 첫 음만 텅잉하고 나머지 음은 끝까지 호흡을 유지해서 소리 냅니다.

붙임줄   이음줄

연습 **1**

G선상의 아리아

바흐 곡

리베스트라움

리스트 곡

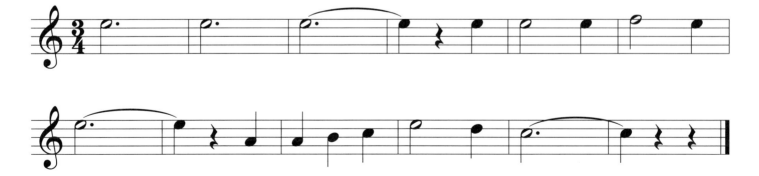

38

연습 2 모든 시작은 항상 텅잉을 해야죠^^

연습 3

연습 4

연습 5

봄 하루

김태윤 사 | 전준규 곡

트럼펫 협주곡 중

하이든 곡

CHECK!!

☐ 이음줄과 붙임줄의 차이를 파악했나요?　　　☐ 이음줄 시작음에 텅잉을 하나요?

☐ 소리의 부드러운 연결이 잘되나요?

Lesson 9 점음표

음표나 쉼표의 오른쪽에 있는 점을 부점이라고 합니다. 원래 음표길이의 반만큼의 길이를 더한다는 의미입니다. 점2분음표(𝅗𝅥.)는 2분음표에 반의 길이인 4분음표를 더한 길이이고, 점4분음표(♩.)는 4분음표에 반의 길이인 8분음표를 더한 길이입니다.

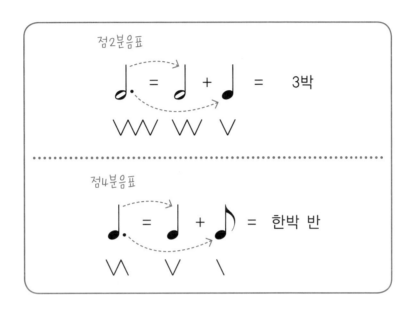

점음표들은 다양한 부점 리듬을 만드는데,
플루트에선 부점을 표현할 때 좀더 텅잉을 탄력있게 정확히 해야겠지요

쿰바야 (Kumbaya)

흑인 영가

모범연주　반주

트라이 투 리멤버

톰 존스 사 ｜ 허베이 슈미트 곡

도돌이표 : ‖: 와 :‖ 사이를 반복해서 연주합니다. 앞에 ‖: 가 없을 때는 맨 처음으로 돌아가서 반복합니다.

1. 2. 는 반복할 때 1. 을 건너 뛰어 2. 로 넘어갑니다.

① ‖: ② ③ :‖ ④

연주 순서 1 → 2 → 3 → 2 → 3 → 4

① ② 1. ③ :‖ 2. ④

연주 순서 1 → 2 → 3 → 1 → 2 → 4

사자왕의 행진

생상스 곡

도레미 송

리차드 로저스, 오스카 헤머스테인 2세 사·곡

CHECK!!

☐ 부점 리듬을 생기있게 표현할 수 있나요?   ☐ 텅잉을 할 때 입술로 끊는지 혀로 끊는지 확인하고 갑시다.

변화표(♯, ♭, ♮)

변화표

변화표는 말 그대로 음을 변화시키는 표입니다.
변화표에는 ♯, ♭, ♮ 등이 있으며, 조표나 임시표로 사용됩니다.

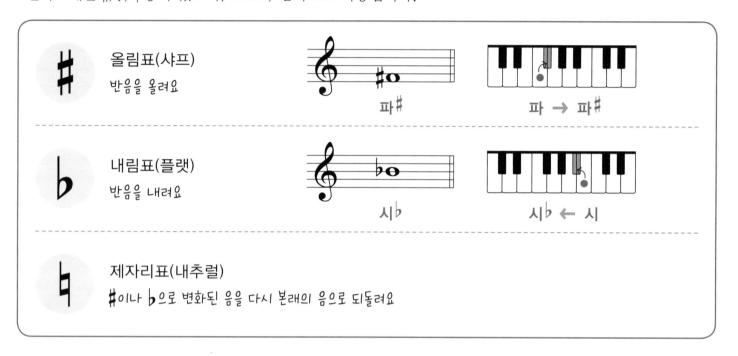

조표

조표는 곡의 맨 앞에 음자리표와 박자표 사이에 ♯이나 ♭을 적어 나타냅니다.
조표로 적힌 변화표는 그 곡 전체에서 효력이 있으며 옥타브 위나 아래의 음도 모두 변화시킵니다.

임시표

임시표는 곡의 중간에서 음표 앞에 적어 나타냅니다. 임시표는 한 마디 안에서만 효력이 있으며 마디가 바뀌면 효력이 없어집니다. 또, 같은 마디일지라도 옥타브 위나 아래의 음에는 효력이 없습니다.

♯조표를 붙이는 순서 : 파 → 도 → 솔 → 레

♭조표를 붙이는 순서 : 시 → 미 → 라 → 레

저음, 중음 파#

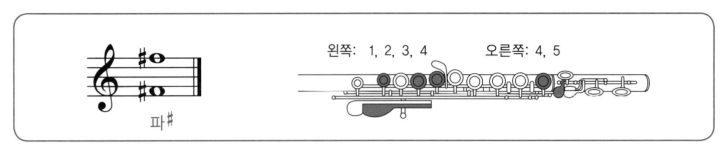

파#

왼쪽: 1, 2, 3, 4 오른쪽: 4, 5

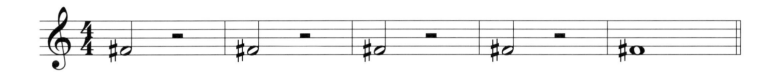

연습 **1**

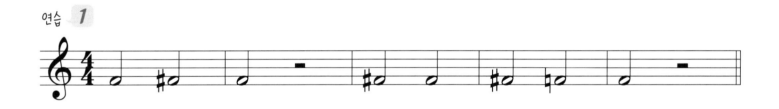

연습 **2**

연습 **3**

연습 4

연습 5

놀람교향곡 주제

하이든 곡

산타루치아

테오도로 코트라우 곡

저음, 중음 시♭ ①

시♭ 운지는 2가지 방법이 있는데 먼저 임시표로 사용될 때의 시♭ 운지법입니다.

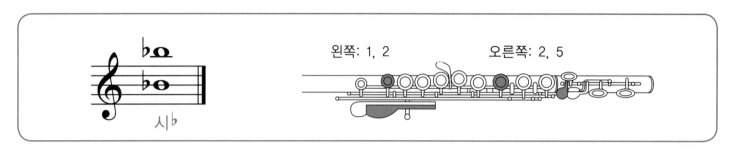

연습 *1*

연습 *2*

연습 *3*

유 아 마이 선샤인

지미 데이비스, 찰스 미첼 사 · 곡

베니스의 사육제

나폴리 민요

저음 도와 다장조

저음 도

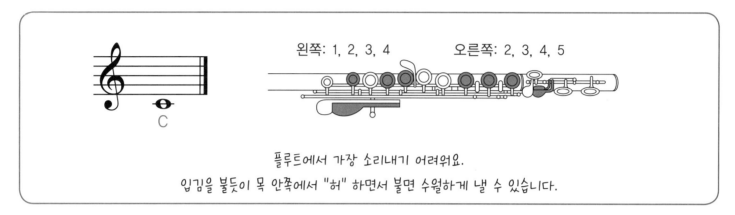

왼쪽: 1, 2, 3, 4   오른쪽: 2, 3, 4, 5

플루트에서 가장 소리내기 어려워요.

입김을 불듯이 목 안쪽에서 "허" 하면서 불면 수월하게 낼 수 있습니다.

연습 *1*

연습 *2*

연습 *3*

연습 *4*

주먹 쥐고

룻소 곡

다장조 (C Major)

다장조는 도를 으뜸음으로 하는 장음계를 말합니다. 장음계는 옥타브 안에 차례대로 나열한 8개의 음 중 제 3-4음, 제7-8음 사이가 반음이고 다른 음 사이는 온음으로 되어 있는 음계입니다.

연습 1

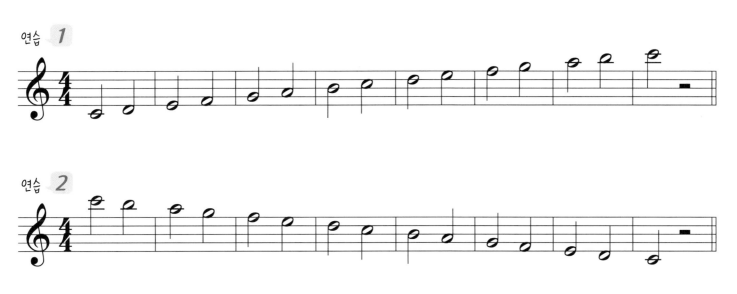

연습 2

나비야

독일민요

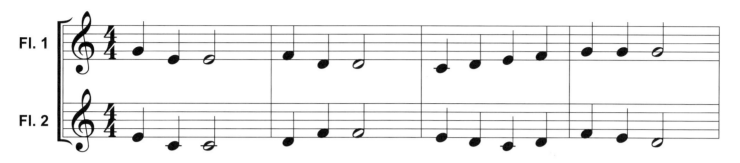

풍선

이두헌 사 | 김성호 곡

CHECK!!

☐ 저음 도 소리가 충분히 울리면서 나나요?   ☐ 텅잉이 세서 소리가 뒤집어지지 않나요?

☐ 다장조 음계를 연주할 수 있나요?

Lesson 12 롱 톤 연습

소리 연습의 하나로 나의 소리가 좋은지, 나쁜지 소리의 "결", "밀도"를 내 귀로 들으면서 자세와 바람의 세기를 봄에 익혀서 좋은 소리를 내기 쉬운 몸의 자세를 갖추기 위한 연습방법입니다.

3옥타브 위의 도에서부터 내가 낼 수 있는 최고의 소리로 한 음씩 귀로 들으면서 내려왔다가 다시 한 음씩 올라갑니다.

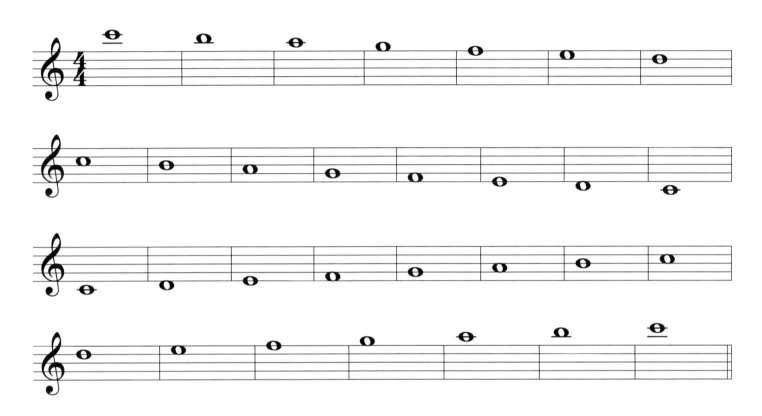

바른 소리 모양 만들기

올바른 소리 모양

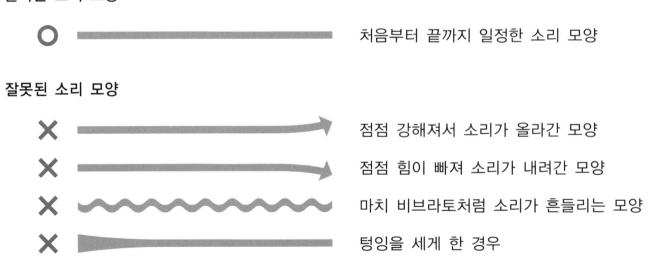

처음부터 끝까지 일정한 소리 모양

잘못된 소리 모양

× 점점 강해져서 소리가 올라간 모양

× 점점 힘이 빠져 소리가 내려간 모양

× 마치 비브라토처럼 소리가 흔들리는 모양

× 텅잉을 세게 한 경우

페르귄트 모음곡 중
아침의 기분

에드바르드 그리그 곡

Lesson 13 사장조

사장조 (G Major)

사장조는 솔을 으뜸음으로 하는 장음계로 파에 ♯조표가 있고 곡 전체를 파♯ 으로 연주합니다.

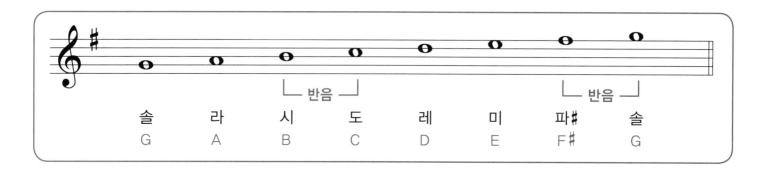

솔	라	시	도	레	미	파♯	솔
G	A	B	C	D	E	F♯	G

연습 *1*

연습 *2*

연습 3

이중주

이영주 곡

Fl. 1

Fl. 2

어린이 행진곡

퍼시 그레인저 곡

머핀맨

영국 전래 동요

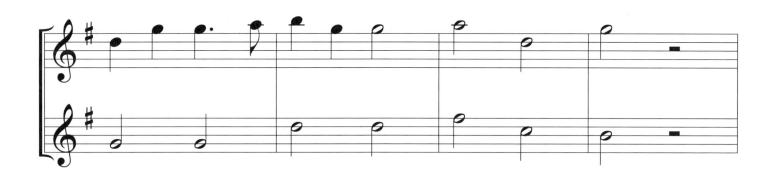

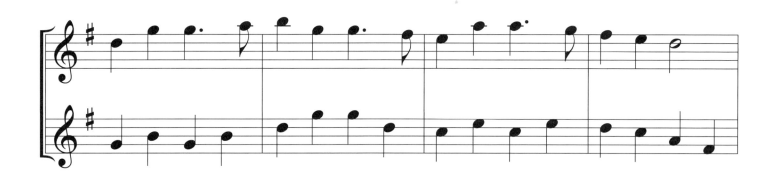

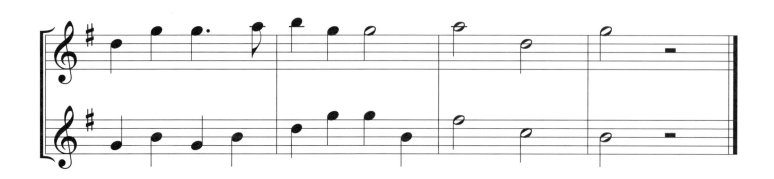

종이접기

유경숙 사 | 김봉학 곡

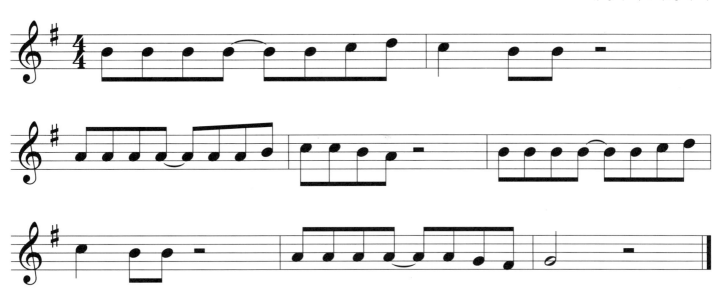

구슬비

권오순 사 | 안병원 곡

※ 조표로 파#이 있는데 파#이 안나와서 이상하지요? 파#이 안 나와도 구슬비는 '솔'이 으뜸음인 음계 사장조 곡입니다.

CHECK!!

☐ 조표의 의미를 이해하고 있나요?　　　☐ 곡의 주인공이 되는 음을 알고있나요?

Lesson 14 스타카토, 테누토

스타카토(Staccato)

 음을 짧게 끊어서 연주하라는 뜻으로 음표 위나 아래에 점을 붙여 표시합니다. 보통 반의 길이로 소리냅니다.

테누토(tenuto)

 그 음표가 갖는 길이를 충분히 지켜서 폭넓게 연주하라는 뜻으로, ten또는 ─로 표시합니다.

연습 1

연습 2

연습 3

숲 속의 음악가

이요섭 사·곡

피노키오

제라르 미레일 크리스티안 사
루이즈 크리스티앙, 제라르 미레일 크리스티안 곡

오페라 〈헨젤과 그레텔〉 중
나무 구두춤곡

엥겔베르트 훔퍼딩크 곡

CHECK!!

☐ 스타카토와 테누토를 텅잉과 구별할 수 있나요?　　☐ 탄력있고 정확한 스타카토의 소리가 나나요?

☐ 스타카토와 테누토를 곡에 잘 적용하나요?　　☐ 도돌이표를 이해했나요?

Lesson 15　부점 리듬

부점리듬은 점8분음표와 16분음표를 기로 연결한 것으로, 1박 안에 3:1의 비율을 가지고 있습니다. 첫 음은 약간 길게 끄는 느낌이고 뒤의 음은 바로 넘어가서 뒤의 점8분음표에 붙는 느낌입니다.

연습 *1*

연습 *2*

연습 *3*

통통통통

작자 미상

열 꼬마 인디언

외국 곡

텅잉점검

관악기에서 중요한 기술인 텅잉(Tonguing)은 혀로 바람을 끊어 소리의 길이를 조절 하는데요. 이미 처음에 배웠지만 부점 연습에서는 텅잉이 중요해요. 많은 분들이 실수하는 부분은 혀로 깨끗한 텅잉을 하지 않고 입술이나 턱으로 소리를 끊는다는 점인데요. 점검하고 갑시다.

☐ 텅잉할 때 입술이 움직인다 – 입술로 소리를 끊음
☐ 텅잉할 때 턱과 악기가 움직인다 – 턱으로 소리를 끊음

편리한 시♭ 운지법, 바장조

앞에서 배운 시♭ 운지를 기억하고 복습해봅시다. 시♭ 운지는 시에서 오른손 2번 손가락을 누르면 됩니다. 그런데 악보 맨 앞에 조표로 시♭이 나올 때에는 매번 시에서 오른손 2번을 누르기가 어렵습니다.

이번 레슨에선 편리한 시♭ 운지, 브리치알디 키(시♭ 키)에 대해 배워봅시다.

시♭ 운지 ②

시♭이 조표로 나올 때 악기 뒤편에 콩나물처럼 생긴 기다란 브리치알디 키(Briccialdi's Key), 시♭ 키를 잡고 소리 내면 다른 음들에선 그 원래의 소리가 나는데 시에서만 시♭ 소리가 납니다.

조표로 시에 ♭이 붙으면 무조건 엄지 척! 콩나물!! 시♭ 키를 잡고 연주하면 편하게 불 수 있겠죠?

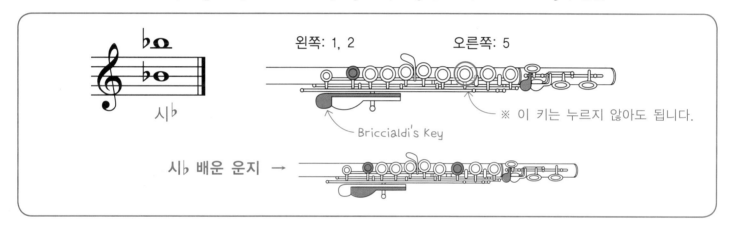

바장조 (F Major)

바장조는 파를 으뜸음으로 하는 장음계로 시에 ♭조표가 있고 곡 전체를 시♭로 연주합니다.

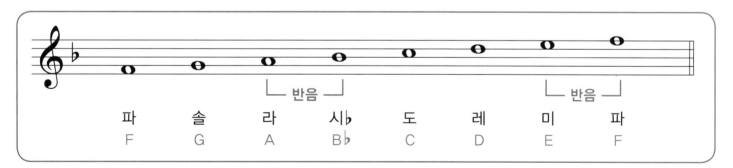

연습 **1**

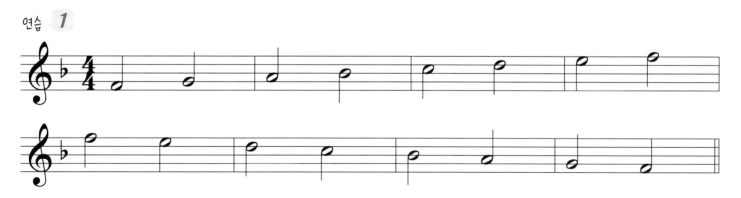

연습 2

연습 3

오페라 〈이고르 공〉 중
폴로베츠인의 춤

알렉산드르 보로딘 곡

나는 대리석 궁전에 사는 꿈을 꾸었네

마이클 윌리엄 발페 곡

CHECK!!

☐ 시♭ key 사용이 익숙한가요?　　　　☐ ♭이 붙는 악보에 시♭ key를 사용할 수 있나요?

Lesson 17 　$\frac{6}{8}$ 박자

8분의 6박자는 한 마디에 8분음표가 6개 있습니다.
느린 곡은 8분음표를 한 박으로 세고, 빠른 곡은 점4분음표를 한 박으로 셉니다.

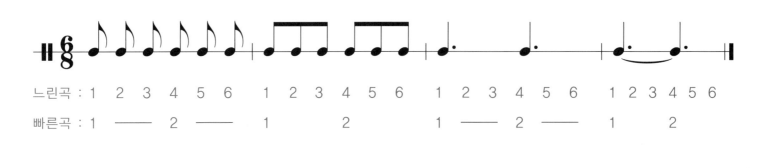

연습 *1*

연습 *2*

연습 *3*

연습 *4*

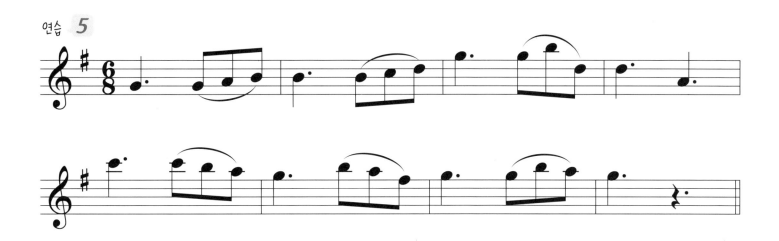

오 사랑하는 나의 아버지

푸치니 곡

CHECK!!

☐ 8분의 6박자 리듬을 셀 수 있나요? ☐ 고개를 움직이면서 리듬을 파악해 봅시다.

고요한 밤 거룩한 밤

요제프 모어 사 | 프란츠 그루버 곡

들장미

베르너 곡

Fl. 1

Fl. 2

70

Lesson 18   못갖춘 마디

시작하는 첫째 마디의 박자수가 정해진 박자표보다 적은 마디를 못갖춘마디라고 합니다.
부족한 박자는 마지막 마디에서 채워주게 됩니다.

모범연주   반주

할아버지 시계

헨리 클레이 워크 곡

라이크 윈드

SENS 곡

라스트 카니발

츠루 노리히로 곡

이중주　파트1　파트2

어메이징 그레이스

존 뉴튼 사 | 아일랜드 민요

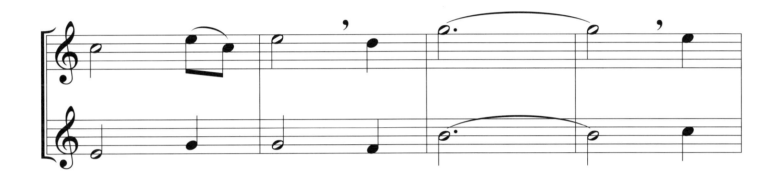

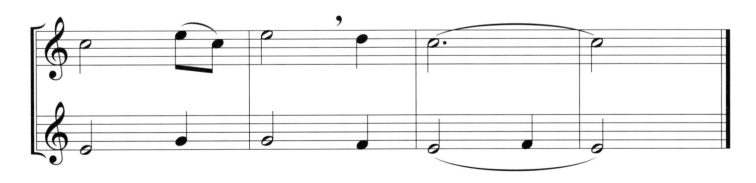

CHECK!!

☐ 못갖춘마디의 나머지 박자가 어디 있는지 알고 있나요?

☐ 픽업노트(pick up note)와 강박의 위치를 잘 표현할 수 있나요?

Lesson 19 중음, 저음 도♯ 과 라장조

중음 도♯

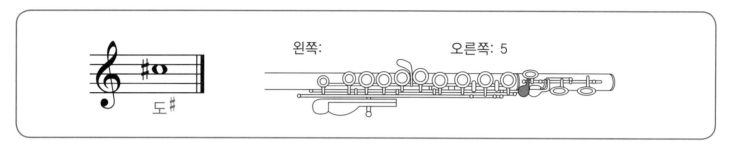

저음 도♯

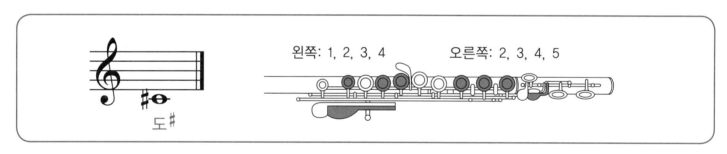

라장조 (D Major)

라장조는 레를 으뜸음으로 하는 장음계로 파, 도에 ♯조표가 있고 곡 전체를 파♯, 도♯으로 연주합니다.

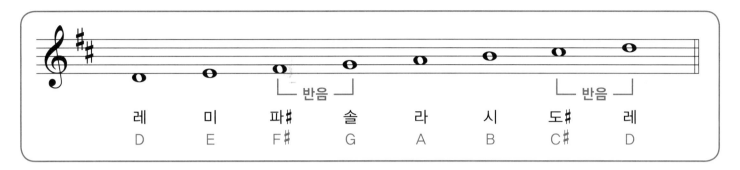

연습 **1**

연습 **2**

연습 **3**

연습 **4**

연습 **5**

오페라 〈라보엠〉 중
내가 길을 걸을 때

자코모 푸치니 곡

라장조

이영주 곡

모범연주 　 반주

들꽃 이야기

박은주 사·곡

당김음(syncopation)

리듬이나 붙임줄, 이음줄로 인해 약박이 강박으로 바뀌는 것을 당김음, 싱코페이션이라고 합니다.

* 표시가 당김음입니다.

오페라 〈돈 지오반니〉 중

내 손을 잡아주오

모차르트 곡

코끼리 아저씨

변규만 사 · 곡

오블라디 오블라다

폴 매카트니, 존 레논 사 · 곡

위풍당당 행진곡

에드워드 엘가 곡

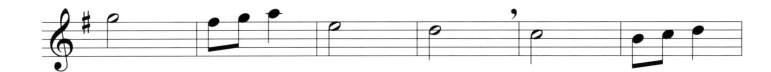

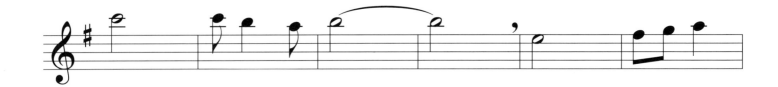

CHECK!!

☐ 당김음 리듬이 엑센트로 잘 표현되고 있나요?　　☐ 음악을 듣고 당김음을 알 수 있나요?

Lesson 21 | 미♭ 과 내림나장조

딴이름한소리(이명동음)

곡에 따라 각 음이 다른 음이름으로 표기될 수 있고, 음이름은 다르나 실제로 같은 음이 되는 관계를 '딴이름한소리' 또는 '이명동음'이라고 합니다.

중음 미♭ = 중음 레♯

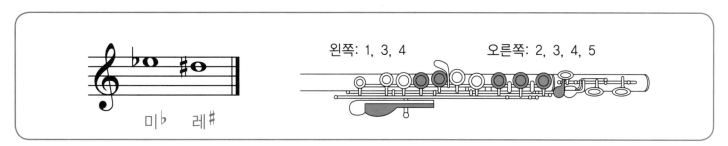

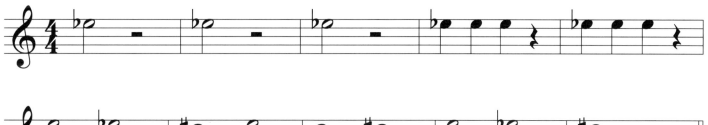

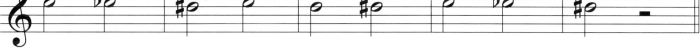

저음 미♭ = 저음 레♯

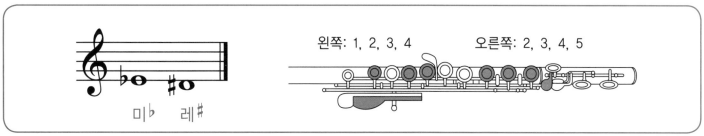

내림나장조 (B♭ Major)

내림나장조는 시♭을 으뜸음으로 하는 장음계로 시, 미에 ♭조표가 있고 곡 전체를 시♭, 미♭으로 연주합니다.

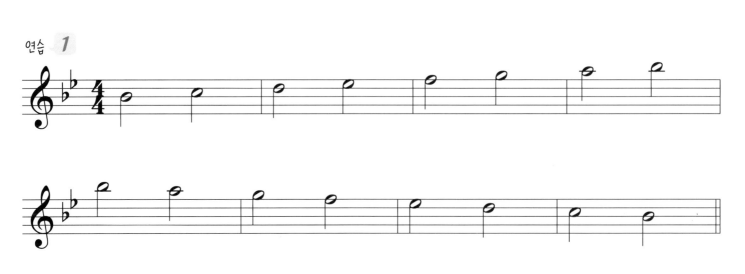

모범연주　반주

퍼프와 재키

피터 야로, 레너드 립톤 사 · 곡

카로 미오 벤

주세페 조르다니 곡

CHECK!!

☐ 미♭ 저음과 중음의 운지를 확실히 구분할 수 있나요?

☐ 중음 미♭에서 왼손 2번 손가락을 떼나요?

☐ 시♭ 운지를 잘 사용하고 있나요?

84

Lesson 22 셋잇단음표

셋잇단음표(Triplet)

보통 큰 음표 하나를 작은 단계로 나눌 때 2개의 음표로 분할되는 게 일반적인데, 2개가 아닌 3개의 음표 또는 쉼표로 나눈 것을 셋잇단음표라고합니다.

여러가지 셋잇단음표

기준음표	o	♩	♩	♪
셋잇단음표	♩♩♩ 3	♩♩♩ 3	♫♫♫ 3	♫♫♫ 3

연습 *1*

연습 *2*

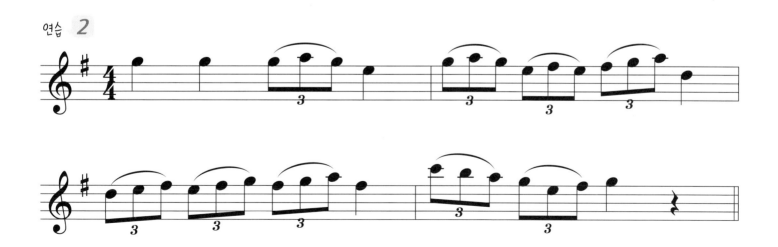

신세계 교향곡 4악장 중

드보르자크 곡

슈베르트 세레나데

슈베르트 곡

오페라 〈아이다〉 중
개선행진곡

베르디 곡

가브리엘의 오보에

엔니오 모리꼬네 곡

CHECK!!

☐ 셋잇단 음표가 박자안에서 적절히 잘 분배돼서 표현되고 있나요?   ☐ 텅잉을 정확히 하고 있나요?

음악적 표현

셈여림표

셈여림표는 곡을 연주할 때, 세게(크게)와 여리게(작게) 연주하라는 표를 말하는데, 소리의 크기가 커진다고 높낮이(음정)가 변해서는 안됩니다.

소리의 크고 작음을 표현하려면 바람의 세기를 조절하면서 음정은 떨어지지 않게 귀로 주의 깊게 들으면서 연습하는 것이 중요합니다.

쓰기	읽기	뜻
pp	피아니시모	매우 여리게
p	피아노	여리게
mp	메조피아노	조금 여리게
mf	메조포르테	조금 세게
f	포르테	세게
ff	포르티시모	매우 세게
◁ , *cresc.*	크레셴도	점점 세게
▷ , *decresc.*	데크레셴도	점점 여리게
dim.	디미누엔도	점점 여리게
∧ , >	엑센트	그 음을 세게
sf , *sfz*	스포르잔도	그 음을 갑자기 세게
dolce	돌체	부드럽게
rit.	리타르단도	점점 느리게

빠르기말

쓰기	**Andante**	**Moderato**	**Allegro**	**Vivace**
읽기	안단테	모데라토	알레그로	비바체
뜻	느리게	보통 빠르기로	빠르게	빠르고 생기있게

문 리버

헨리 멘시니, 존 머서 사 · 곡

아름답고 푸른 도나우 강

요한 스트라우스 2세 곡

언제나 몇 번이라도

카쿠 와카코 사 | 키무라 유미 곡

브람스 왈츠

브람스 곡

※ 메조스타카토 : 음의 길이를 ¾ 길이로
스타카토보다 길게 연주합니다.

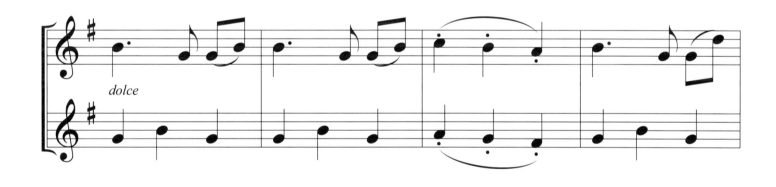

CHECK!!

☐ 셈여림의 표현이 분명하게 잘 되나요?　　　☐ 여리게의 표현에서 음정이 내려가지 않나요?

☐ 세게의 표현에서 음정이 올라가지 않나요?

라♭(솔♯)과 내림마장조

저음, 중음 라♭ = 저음, 중음 솔♯

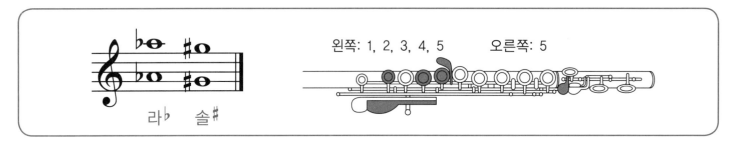

왼쪽: 1, 2, 3, 4, 5   오른쪽: 5

라♭   솔♯

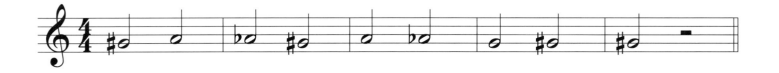

내림마장조 (E♭ Major)

내림마장조는 미♭을 으뜸음으로 하는 장음계로 미, 라, 시에 ♭조표가 있고 곡 전체를 미♭, 라♭, 시♭으로 연주합니다.

미♭	파	솔	라♭	시♭	도	레	미♭
E♭	F	G	A♭	B♭	C	D	E♭

연습 1

연습 2

연습 3

오라 리 (Aura Lee)

미국 민요

어느 여름날

히사이시 조 곡

혜화동

김창기 사·곡

드라마

아이유 사·곡

사랑의 인사

에드워드 엘가 곡

CHECK!!

□ 시♭ 키를 사용하였나요?

□ 내림마장조의 음계에 익숙한가요?

□ 악기를 들었을 때 불편한 곳은 없나요?

□ 왼손5번 손가락의 움직임이 편안한가요?

□ 악기를 흔들리지 않게 잡고 서 있을 수 있나요?

Baby Shark

북미권 구전동요

모범연주 반주

학교가는 길

김광민 곡

사계 중 〈가을〉

비발디 곡

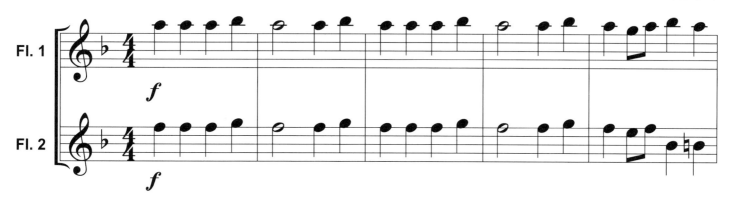

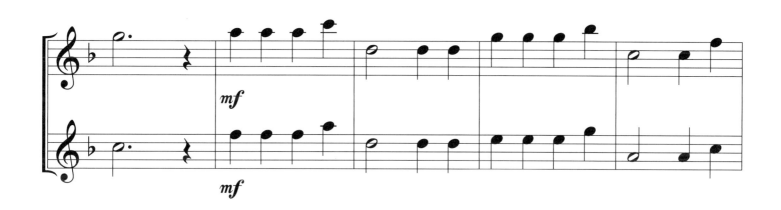

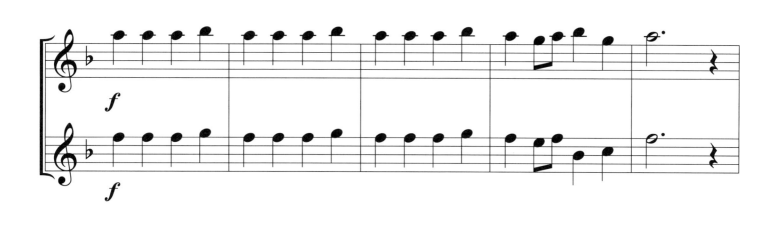

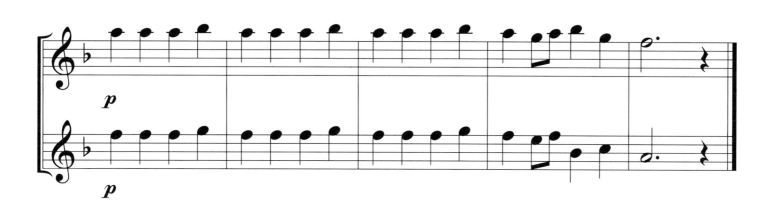

이웃집 토토로

미야자키 하야오, 히사이시 조 사 · 곡

※ 레# = 미♭

크리스마스에는 축복을

김현철 사 · 곡

실버벨

레이몬드 에반스, 제이 리빙스턴 사 · 곡

편저자 | 이영주

- 중앙대학교 관현악과 졸업
- 미국 뉴욕 주립대 플룻 전공 석사 졸업
- KBS 관현악단 객원단원 역임
- 국내 외 유수 청소년 오케스트라 강사 역임
- 선화예고 및 덕원예고 전공실기 강사 역임
- 아람 출판사 유아동 서적 음반작업
  에코앙상블 1~5회 연주회 외 다수 연주 활동
- 現선화예중 실기강사
  '에코앙상블' 대표
  도약닷컴 플룻 교수

쉽게 배우는
플루트 교실

발 행 일 2024년 10월 15일
발 행 처 아름출판사
주   소 경기도 고양시 덕양구 독곶이길 171(주교동)
             http://www.armusic.co.kr
전   화 (031)977-1881~2(영업부)
             (031)977-1883~4(편집부)
팩   스 (031)977-1885
등   록 1987년 12월 9일 제2001-7호

발 행 인 성강환
편 저 자 이영주
편 집 인 편집부

판 권
소 유